Un Regard sur le Monde 🌍

Un Regard sur le Monde
Florent Otis
Auteur - Chanteur - Compositeur
Auto-édition
2022

Un Regard sur le Monde
© 2022 - Florent Otis
ISBN : 978-2-3224-5760-1
Édition : BoD – Books on Demand, info@bod.fr
Impression : BoD – Books on Demand,
In de Tarpen 42, Norderstedt (Allemagne)
Impression à la demande
Dépôt légal : Septembre 2022

UN REGARD SUR LE MONDE 🌍

Un ouvrage Ascensionnel et Poétique 📖
Un regard sur le monde 👁
Sur cette planète 🌍
Jetée dans l'encre ✒
Mon regard dans ce miroir 🪞
Déformé 🌀
Parler du temps ∞

    Sur ces quelques vers, débute le livre de Florent Otis, un auteur et chanteur rempli de réflexions profondes et d'humanité.
Il façonne ses textes de façon poétique et spirituelle, souvent percutant et parfois visionnaire, il témoigne de notre présent et imagine le futur avec clairvoyance.

Ces poésies intuitives explorent un monde spirituel, elles ont pour but d'harmoniser le langage des émotions et de réveiller les consciences.

Par sa vision de notre monde, il interroge sur la nature même de notre existence, c'est une ascension pour l'esprit. Il est le codificateur de l'actualité qu'il exprime en chanson et en poésie.
Florent Otis, c'est la poésie à tous les étages de l'ascenseur spirituel, il a cette petite musique céleste qui vous accompagne tout le long de ses écrits pour vous donner rendez-vous au dernier étage. Ses œuvres musicales sont présentes sur la toile du virtuel, mais dans ce livre ses textes sont plus littéraires, moins codifiés par la chanson. Il s'agit d'une expression complémentaire de sa pensée et de son œuvre globale un regard sur le Monde 🌍

ETAGE 1

La Lettre 🖋

Le monde quel drôle de Monde
Au départ, je me demande pourquoi ?
J'ai atterri là, avec tous ces fous !
Parfois, j'en voulais à mes parents
Puis je me suis dit, si ça n'avait pas été eux
J'aurais pu atterrir dans une autre famille
Peut-être dans un autre temps
J'aurais été quelqu'un d'autre
Dans un autre pays
Alors j'accepte le monde
Et j'accepte mon sort

Puis il y a ceux qui se battent
À cause d'une réflexion
Limitée dans le temps
C'est pour cela que l'histoire se répète
Ils se battent pour des causes
Qui n'auront plus lieu demain
Puis il y a pire
Ceux qui créent des poisons
Pour vendre le vaccin
Ceux qui créent des armes
Pour propager le venin

Aimons-nous pour l'éternité ♡

Ma mère me disait
Qui voit ses veines voit ses peines
Alors si les arbres
Sont les poumons de la terre
Nous nous sommes ses artères
L'homme a créé la monnaie

Pour remplacer la violence
Mais la violence naît de l'inégalité
Il est clair que nous sommes
Trop nombreux sur Terre
Que nous sommes trop individuels
Si la conscience n'est pas collective
La sélection sera sélective

Et ce seront toujours les mêmes
Qui trinqueront

Toujours les pauvres
Toujours celui en dessous de l'autre
Mais quand on constate les valeurs des riches
On préférerait que les pauvres survivent
Pour qu'il n'y ait plus d'argent
Plus de pouvoir et qu'il ne reste que l'homme et l'amour

Florent Otis, le 12 févr. 2016

La Traversée du Temps ⌛

On traverse le temps
Lourds comme des éléphants
De bougies en bougies
De galops en galops
Du tricycle au vélo
Du feu de nos colères
Des cendres de nos familles
Des sacs vides
Jusqu'à la connaissance
Ultime

De passions entremêlées
Des passions à nos pieds
Des marches de découvertes
Pour trouver l'amour sur la terre
Des sables mouvants
Jusqu'aux sols glaçants
D'un rayon d'un soleil

Qui fait fondre nos empreintes
Nos empreintes de la vie
Dans la fièvre de la nuit
Où l'on affronte ses amis

Aux caresses d'un piano
Aux sens réels du toucher
À l'envers du décor
Du décor à l'envers
Quand les âmes habitent les corps

Allez dégage
Que les oiseaux s'envolent
Dans la danse des coureurs

Dans la ronde unie des gens
Dans cette danse des sauteurs dans le vide
Des moments instantanés
Qui aveuglent nos regards
Éclaire
Comme un loup solitaire
Éclaire
Comme le feu de la terre
Quand l'homme veut rejoindre
Ses galaxies
Avec tous ses artifices

Je t'aime

Les voyageurs du temps réel
Le temps toujours s'accélère
Toujours en expansion
Face à la croisée des chemins
De l'évolution qui emmène
L'amour si loin
Pour se détacher de nos chaînes
Aux dépens du cri de la vie

Dans cette pluie d'amour
Qui bat le pavé
Dieu est une femme cachée
Dieu est la mère cachée

Florent Otis, le 12 févr 2016

Un Regard sur le Monde

Sur cette planète
Je commence mon livre
Pour vous parler un peu de la vie
Pour vous livrer ma poésie
J'aurais pu naître dans cette autre contrée
J'aurais pu naître dans cet autre temps
Mais j'accepte oui, j'accepte
Ma destinée

Dans ce tourbillon du temps
Un jour, tout s'arrêtera
Le monde cessera de tourner
Les trains cesseront de siffler
Ces quais abandonnés

Je suis sur cette planète de création
Qui me remplit de poésie
Que demander de plus
Que la richesse de l'âme
Que la richesse des larmes
Oui que demander de plus

Plus tard, on se ressemblera tous
Une élite possédée numérique
Pour un peuple rationné numérique
Plus tard sera le monde dans un crève-cœur

Une mante religieuse robotique
Qui mange l'amour
Qui mange tes rêves
Comme une mante religieuse robotique
Comme l'amante du progrès

Ils vivent
Nous dormons
Ils vivent
Nous dormons
Ils nous déshumanisent
Ils nous désâmisent
Ils nous désarment de nos rêves
Pour nous faire rentrer dans leurs cauchemars de poursuite
Allez réveille toi !
Nous sommes des milliards
Des milliards d'humains
Des milliards endormis

Ils vivent
Nous mourons
Tu ne prendras pas mon âme
Ni celle de mes enfants
Tu ne prendras plus ses âmes
Dans ton royaume déchu
Rempli de décadence
Tu fais mourir l'amour
Le seul qui reste sur terre

C'est le capitaine
Pris dans la tempête
Rejoint l'équipage
De ces mers déchaînées
De ces cœurs désabusés
De cette souffrance omniprésente
Que tu n'es plus un ange
Tu deviens un esclave

Et je ne parle pas du sens de la vie
Quand j'essaye d'y réfléchir
Un mur se dresse devant moi
Qui ne veut pas révéler ses secrets
De l'existence

Florent Otis, le 18 nov. 2021

Au Commencement ✨

Au commencement, il n'y avait rien
Au commencement juste le néant
Au commencement dans l'asymétrie
Au commencement l'étincelle qui donne la vie

Au commencement de l'inflation
Au commencement de l'expansion
Au commencement de la singularité
Au commencement l'éternité

Je suis partout dans l'infiniment grand
Je suis réduit dans l'infiniment petit
Je garde le secret de la vie

Dans la méta-physique, je manie l'art quantique
Au Panthéon à la croisée des hommes
Cet homme de l'univers
Un être fragile dans un corps d'argile
Voyageant aux confins du cosmos
Se permettant même de boire l'eau de la vie
Celle qui nous ramène à la vie

Je me vois renaître un jour
Renaître pour toujours
Te ramener à la vie
Toi mon amour te ramener à la vie

Les voici, ils sont d'un autre monde
Ils arrivent ces porteurs de fausses lumières
Ils surgissent aux portes de l'univers
Eloïne est revenue des enfers

Dit moi quand cela arrivera-t-il

Cet événement interplanétaire
Si proche du temps si proche dans l'espace
Si proche maintenant dans le temps

Nous avons été nous sommes et nous serons
Nous sommes des esclaves de leurs pognons
Ils sont là depuis des millénaires
À porter des clés de l'univers
Nous voici entends tu nos prières
Nous serons libres au-delà de toute matière
Nous sommes les fils de l'homme
Aux portes de l'univers

Florent Otis, le 19 nov. 2014

La Conquête ⚔

La conquête qui débute depuis mon plus jeune âge
Enfermé dans ma chambre à rêver par la fenêtre
La conquête qui m'habite dans le cœur de bataille
La conquête qui s'accroche dans le cœur de l'âme
La conquête du feu, la conquête des flammes
La conquête du cœur qui séchera nos larmes

La conquête de ses hommes qui se tiennent par la main
Pour conquérir l'espace, pour conquérir la terre

Je n'oublierai pas qui je suis d'où je viens
De cet univers qui est sans fin, qui est sans fin
La conquête de ceux qui n'ont plus rien à carrer
Dans un cercle de feu où l'homme se prend pour Dieu

Dans un monde de feu où l'homme se prend pour Dieu
La conquête de la ronde, la conquête de la rose
La conquête du triangle où l'homme se prend pour Dieu
La conquête des guerres, la conquête du nucléaire

La conquête du feu
Même plus pour se réchauffer
Mais pour se faire la guerre
L'homme à commencé sa conquête par le feu
Et il la finira par le feu

Florent Otis, le 28 oct. 2017

Au Nom de la Terre 🚀

Dans la spirale des étoiles
La spirale en fleur des galaxies
Les galaxies en fleur dans mon esprit
La résonance qui peut nous soigner
De Schumann à Tesla
Qui veut nous rendre malade
Ce complot dans les médias
Au nom de la terre
Au nom de quoi ?
Tu nous tues nos frères
Tu nous tues pourquoi ?

Quand on a la gloire on perd la valeur
Car la gloire est la rançon du malheur
Nous ferons une croix sur la caution
Je ferai une fusée pour voir si la terre est plate

Mais oui elle plate comme les esprits
Et si je dois m'écraser dans cette vie
Alors je ferai une fusée
Pour m'éloigner des sans esprits
Qu'importe si je m'écrase dans cette vie
Je garderai mes rêves jusqu'à l'agonie
Au nom de la terre
Au nom de toi

Oui parce que le Monde
Ne tourne pas rond
Nos émotions sont à plat
Au nom de la terre
Au nom de quoi ?

Florent Otis, le 27 févr. 2020

Une Histoire d'Enfant 👶

Si vous regardez l'histoire
Avec un regard d'enfant
Vous comprenez que le principal problème
De l'homme, c'est l'homme à l'âge adulte
Non pas qu'il ait perdu son innocence
Non pas qu'il ait voulu la guerre ou le malheur
Mais il a juste cédé aux forces du mal
Il a cédé à la peur et au mensonge

La peur du mal
Cette force qui domine l'homme
Et qui revient par cycle dans l'histoire
Aujourd'hui sa présence ne fait aucun doute
Et elle ne disparaîtra
Que quand la boîte de Pandore
Sera entièrement vidée
Et plus tard un enfant innocent
Se demandera, pourquoi ?
À cette époque-là
Nous en sommes arrivées là
Et cette enfant, ce sera vous plus tard
Quand l'on ne se rappelle pas l'histoire
On est condamné à la revivre
Quand on ne règle pas les problèmes de l'âme
On est condamné à la revivre
Nous n'essayons pas de sauver nos enfants
Mais nous essayons de nous sauver nous-même
Car nous sommes des enfants éternels
Mais le mieux serait encore de rester enfant

Florent Otis le 31 août 2021

La Vision d'Eden 🍎

Je ne m'appelle pas Adam, mais j'ai la vision d'Eden
De ce couple qui revient à chaque début de cycle
Lorsque Eden se purge de la vie
Pour faire renaître son jardin de paradis
Eden à tout pouvoir sur terre
Et l'envers du décor du Paradis, c'est nous
Vous la sentez cette petite odeur de soufre
Aussi incroyable que cela puisse paraître
Il y a une dimension occulte à ce qui se passe
Sur terre, nous avons la dualité
Mais dans le Monde caché, il y a le bien et le mal
Pour simplifier, il va falloir choisir son camp
Beaucoup sont en train de le choisir
Parce que l'inacceptable est entrée dans nos vies
Ils nous demandent de nous priver
De notre droit de disposer de notre corps
Ils nous demandent de faire notre devoir
D'aller à la guerre
Mais comme les champs de bataille ont disparues
Pour des champs de cactus
Faire notre devoir maintenant, c'est de se faire piquer
Bien sûr, nous sommes tracés
Mais nous empêcher d'accéder à des lieux communs
C'est la porte ouverte à tout genre de ségrégations
Et cela ne peut avoir lieu
Que quand l'humanité et déshumanisé
Et les gens qui se permettent cela
Il ne faut pas attendre d'eux ni du bien ni de la vérité
Et ces gens-là, on fait une croix sur leurs dignités
Et du coup ce jardin-là vous n'y goûteront pas
La vision d'Eden

Florent Otis le 17 août 2021

ETAGE 2

Les Âmes d'Amour 💕

J'ai perdu mon âme d'enfant
J'ai oublié mon âme d'amour
L'espace entre tes lèvres
Le temps qui nous paraît infini
Pour toucher ton âme d'amour
Ton âme d'amour

Je serais le plus grand des guerriers
Pour retrouver ton âme d'amour
Même si la toile est usée
Même si nos cœurs sont désenchantés
Je retrouverai cette âme d'amour
Cette âme d'amour

Mon amour, on vit dans un monde
Désenchanté

Et je chante pour ces âmes d'amour
Pour ces âmes d'amour
Désenchantées

Je vous aime
De mon âme d'amour

Je ne quitterai pas cette terre
Sans un acte d'amour
Je ne quitterai pas cette terre
Sans mon âme d'amour

Florent Otis, le 29 sept. 2018

La Fleur du Bien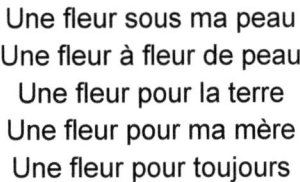

Une fleur sous ma peau
Une fleur à fleur de peau
Une fleur pour la terre
Une fleur pour ma mère
Une fleur pour toujours

Une fleur doux parfum des chimères
Une fleur pot de fer
Une fleur qui s'arrose avec les mots
Une fleur contre les fleurs du mal
Une fleur pour les fleurs du bien
Que tu plantes tous les jours
Dans ton jardin d'amour

Une fleur pour nous deux
Une fleur pour nos vœux
Une fleur pour te pardonner
Une fleur qui regarde le ciel
Qui n'oublie pas
Que le temps la fane

Une fleur qui regarde parterre
Qui a honte de ses frères
Une fleur la fleur au fusil
Contre la tyrannie
Une fleur que t'enterre

Une fleur d'espoir
Une fleur pour la mémoire
C'est la fleur du bien
Qui lutte contre le mal
C'est la fleur dans ton cœur
Qui s'épanouit
C'est la fleur des voyageurs
Qui t'emmènera au loin

Une fleur qui effleure
La peur de disparaître
Une fleur au paradis
Quand tu reviendras
Je te donnerai une fleur
Pour t'ouvrir mon jardin
Je te donnerai une fleur
Pour trouver ton chemin

Florent Otis, le 18 mai 2018

On se dit 🥺

On se dit
Que parfois dans l'oubli
Que parfois, on s'efface
On se dit qu'on promet
Que parfois, on s'incline
On se dit que la vie est un torrent d'ennui
On se dit qu'oublier ne sert à rien pour fuir
Effacer dans un monde
En marge de la société

On se dit qu'on aimerait vivre une autre vie
On se dit qu'on est là toujours pour en chier
Débattre avec les cons
Toujours les condamnés
Toujours un genou à terre
Toujours un poing levé
Toujours les yeux rivés
Envers l'éternité

On se dit que la vie est un combat infini
Que la jeunesse passée la beauté est éphémère
Que les sourires d'enfants
Laisse place à une vie dure
Qu'on laisse se propager
Dans un monde surpeuplé
Dans un canot de survie
Dans une mer agitée
Où personne n'a sa place
Parmi les naufragés

On se dit que la vie
Était une drôle d'idée
Que maintenant, on y est
Va falloir l'assumer
Que maintenant, on y est
Va falloir l'assumer

On se dit que la vie, ce n'est pas le paradis
Ce n'est pas l'enfer non plus
Ce n'est pas ce qu'on nous a dit
Ce n'est pas l'amour éternel
Ce n'est pas celui du ciel
C'est celui de la terre
Qui restera éphémère
Dans un voyage qui restera éphémère
On se dit qu'il restera toujours un espoir
Dans la poésie

Florent Otis, 30 janv. 2018

Relève-toi 👊

Relève-toi de tes combats
Laisse tes adversaires au tapis
Reprends ton casque en argent
La lutte n'est pas finie
Mais ta beauté est infinie
Dans le courage tu te relèves
Tu affrontes les démons
En enfer, tu affrontes les géants
Avec ta fourche sacrée
Tu retombes sur la terre
Pour retrouver
L'amour de tes frères
Envole-toi

Retrouver ton amour
Retrouver ce guerrier
Qui te protège contre le mal
Même si l'amour est difficile
Même si la vie est un combat
Même si tu n'y crois plus
Après tant d'échecs de défaites

La danse de l'amour
À la vie à la mort
Relève-toi mon ange
Le combat n'est pas fini
Relève-toi mon étoile
De ta force intérieure
Qui franchit tous ces obstacles
Qui franchit ces montagnes du mal

Relève-toi mon ange
Ils sortiront les canons
Nous sortirons nos ailes
Avec ta flèche
Qui transperce le ciel
Qui transperce nos cœurs
Qui transperce nos larmes

Relève-toi mon ange
Montre leur ton amour
Montre leur ton amour
Et ton regard sur ce monde
Je prends ma plume
Pour te dire adieu
Pour ton amour
Qui sauvera le monde

Florent Otis, le 13 sept. 2017

L'Amour du Monde

Qu'il soit d'ici ou d'ailleurs
Qu'il ne pense pas pareil avec son cœur
Tu es l'amour de famille
Tu es l'amour du monde
De ceux qui regardent dans les yeux
Qui tendent la main aux malheureux
Qui donne l'espoir oublie ta gloire
Qui donne le rêve et la mémoire
À tous ces jeunes et tous ces vieux
Que tu rencontres pour une histoire
Pour un café au coin d'une gare
Pour une ivresse serait ce qu'un soir
Tu es l'amour du monde
Qui naviguent dans ces eaux profondes
Pour chercher ces mystères
Toi qui t'interroges sur l'univers
Toi qui t'interroges sur la vie
Toi qui t'interroges sur l'amour
Toi qui t'interroges sur notre époque
Où va le monde ?
Pourtant, il te donne plein d'indices
Et quand tu t'écartes de l'injustice

Les humains sont de nature pessimiste
Et l'optimisme, c'est la volonté
D'aimer ce Monde
C'est l'amour du monde
Pour mes frères de galères
Pour qui j'entends leurs prières
Pour l'amour du monde

Il y a deux moments importants dans la vie
Le moment où tu né
Et le moment où tu comprends
Pourquoi tu es né
Pour l'amour du monde

Florent Otis, le 28 mai 2021

Des Petites Choses

Si vous ne pouvez pas faire de grandes choses
Alors faites de petites choses de façon grandiose
Des petites choses sans prétentions
Des petites choses comme des chansons
Qui vous rapprochent les uns des autres
Des petites choses de la vie
Qui vous paraissent si infinis

Aux yeux du réel touche pas à l'éphémère
De ces mondes engloutis
Des petites choses par amour
Mais attention aux grands amours
Qui te font faire des grandes choses
Inutiles pour ton cœur

Ils ont cru faire des grandes choses
Mais derrière dans l'ombre
Les hommes font des petites choses
Avec leur cœur
Oui des petites choses
Qui préserve le Monde

À tous ceux qui sont dans l'ombre
Qui ne se vantent pas
De leurs actions
Qui font des petites choses
Si importantes pour les autres
Avec un si grand cœur
Des petites choses de la vie
Avec un si grand cœur
Des petites choses

Florent Otis le 1 juin 2020

À La Vie À L'Amour

À la vie à l'amour
Je continuerai à croire
Même si les hommes perdent espoir
À la vie à l'amour
Je continuerai à aimer
Même si les hommes répandent la haine

Je continuerai à construire
Même si les hommes détruisent
Je continuerai à parler de paix
Au milieu d'une guerre
Je continuerai à illuminer
Au royaume des désenchantés

Je dessinerai des sourires
Sur des visages en larmes
J'offrirai des voyages en amour
Je continuerai à crier
Même si les hommes se taisent

À la vie à la mort
Pour ces visages qui nous ont quittés
Au royaume de l'éternité
À la vie à l'amour
À la mort

Je continuerai à marcher
Même si mes jambes m'en empêchent
Je continuerai à ramper
Même si la vie m'arrête
À la vie au courage
De ceux qui sont sur terre
Vers le troisième millénaire

Plus on est nombreux
Et plus on va galérer
Bienvenue à la solidarité
Ne croyez pas aux hommes
Qui ont vendu leurs âmes
Pour un peu de richesses
Pour un peu de gloire
Seuls isolés

Du reste de l'humanité
Isolés dans leurs idéaux
Dans leurs idéaux
Je suis l'ascenseur qui part
Du bas en haut
Rendez-vous au dernier étage
Au dernier étage

Florent Otis, le 7 janv. 2020

L'Amour Final ❤

Si je dois partir demain
Toujours debout même à genoux
Tu savais que j'étais fait pour le combat
Les poings serrés au milieu de l'effroi
Mon Dieu, je te confie mes armes
J'affûte ma plume qui guide ma main
Que chaque mot venge une larme
Puisque le combat m'appartient
Même si toi seul guide l'issue
Pour cet amour final

Voici ma vie, qu'elle serve enfin
Et que mes dons la rendent utile
Eux qui semblaient être offerts en vain
Voilà qu'ils prennent sens aujourd'hui
S'éveillent, s'exaltent et font qu'enfin
Ma vie donne un sens à ma vie

Pour l'amour final
Où je sais qu'à l'ombre de toi
Ma plume a trempé dans le ciel
Et mon cœur ne faiblira pas

Pour cet amour final
Mon combat est juste,
Et je pars au front le cœur serein
Je sais que l'issue sera belle
À l'assaut de cet amour final

Florent Otis, le 7 déc. 2020

ETAGE 3

Les Enfants de la Colère

On nous parle de la diversité
En nous imposant une unique pensée
Une pensée du progrès
Dominant dominé l'humanité

Par ces hommes de mensonges
Qui vivent comme ils mentent
Qui mentent comme ils vivent
Ils mentent comme ils respirent
En étouffant la vérité des hommes
En vendant les dominés aux dominants
Dans l'oublie de la fraternité

Mais devant la porte des éternelles
Ils ne pourront se mentir à eux-mêmes
Et reviendra à la mémoire
Tous ceux qu'ils ont sacrifiés
Tous les enfants de la colère

Les enfants de la colère
Ceux qui vivent dans l'éphémère
Ceux qui vivent en enfer
Nous sommes les enfants de la colère

Les enfants de la colère
Pourquoi je suis née ici
La misère et l'oublie
Des enfants de la colère

Florent Otis, le 27 juin 2018

Frère Cruel 💔

Frère cruel
Qui es-tu pour décider de l'enfer des autres ?
Frère cruel
Qui es-tu pour prendre la terre des gamins ?
À des êtres qui n'ont jamais voulu
Emprunter ce chemin

Laisse-moi vivre
Sur cette terre mon jardin
Laisse-moi aimer
Tous ses bouquets
Et ses fleurs endeuillées

Pourquoi tous ces millions ?
Qui crucifie le monde
J'ai arrêté de compter
Et j'ai appris à aimer

Laisse-moi vivre
Sur cette terre mon jardin
Laisse-moi aimer

Qui sommes-nous sur cette terre ?
Jetée dans la noirceur du temps
D'une planète jetée dans l'encre
Jetée dans le néant

Sans capitaine

Reste caché dans l'ombre
Même si tu es connecté

Attends

Ils viendront les emporter
Il n'y aura ni âme ni rédemption
Pour ceux qui trahissent la terre
Et leurs enfants

Il n'y aura ni âme, ni rédemption
Tu peux fractionner les nuages
Mais tu ne fractionneras pas mon esprit

Florent Otis, le 2 sept. 2017

Le Masque de l'Humanité 🌹

On porte tous un masque
Bien avant qu'il ne soit obligatoire
C'est le masque de l'humanité
Qui cache la vérité
Sur nos sentiments
Sur la peur de l'autre
Il nous empêche de ressentir l'amour
Par peur d'être blessé
Par peur de se dévoiler
Par peur de notre égoïsme
Inhérent à l'humanité

Je suis née myope
Pour pouvoir supporter le monde
Je me suis fait un masque
Pour ressembler aux autres
Pour ne pas montrer ma souffrance
Pour ne pas montrer ma faiblesse
Je suis un sensoriel
Dans un sens inversé

Je voudrais la paix
Et les hommes ne veulent que la guerre
Je voudrais la vérité
Et les hommes ne croient que le mensonge
À cause de leur masque
Et cette impossibilité d'accepter la réalité
D'une humanité si éloignée de ce qu'elle voudrait être
Nous sommes la nature, mais nous la rejeton
Nous sommes la famille, mais nous la négligeons
Nous sommes les masques dépourvus d'identité
Nous sommes les forces obscures de la lune cachée
Nous sommes le soleil qui en devient l'enfer

Ce que nous cachons, c'est notre vrai visage
Nous sommes les religions qui finissent sur la croix
Qui finissent comme des martyrs ou des sacrifices
Nous sommes l'inconvenant qui vient sur terre
Et qui nous rachète tout ce qu'il y a de matériel
Nous sommes le masque de l'humanité

Florent Otis, le 1 oct. 2020

Gilet Jaune ou Gilet Rouge

Le peuple à ouvert les yeux sur sa misère
Là où avant il avait honte individuellement
Et se cachait à la vue des autres
Là, où nombre de gens perdaient la vie en silence
Aujourd'hui, le suicide social a fait place à la révolte
Et bon nombre de gens ont compris
Qu'ils n'étaient pas seuls face à l'ennemi
L'ennemi qui utilise la misère
Et l'injustice sociale
Mais tout ceci n'est que la surface
Et ignoré la profondeur de l'océan
C'est sauter dans le fond pour être englouti
D'une vague rouge sang

Le petit chaperon rouge mangé par le loup
Le petit gilet jaune mangé par le grand gilet rouge
Ceux qui veulent du sang à leur repas
Et qui attire le repas dans leur assiette
Pourquoi êtes-vous si visible alors qu'eux sont invisibles ?
Pourquoi êtes-vous si prévisible alors qu'eux sont imprévisibles ?
Pourquoi précipitez vous alors qu'eux
On mit des décennies à vous arracher le cœur
Et le pain de la bouche

Vous avez tort dans un temps et raison dans l'autre
Vous avez tort dans la raison et raison dans le cœur
Et parlons en avec la raison puis avec le cœur

J'ai lu un programme avant d'aller aux urnes
Et celui qui a été élu pour ce programme
Fait exactement le programme pourquoi il a été élu
Mais il savait bien que vous n'allez pas le lire
Parce qu'ils vous on habituer à ne plus lire

Ils vous on habituer à vénérer l'image avant le fond
Dans la forme, la démocratie a été respectée
Mais dans le fond, ils ont abusé du peuple
Un abus de faiblesse sur les plus faibles

Je n'ai jamais voulu écrire sur un sujet d'actualité
Je suis la poésie qui écrit sur Jupiter
Ca va être long sur cette planète
Mais on y est depuis longtemps
En manque d'oxygène

Ils ont construit
Une société liberticide où l'individualisme
Réduit les libertés individuelles
Où tout un chacun peut revendiquer
Son privilège narcissique pour censurer l'autre
Où c'est l'appauvrissement mental
Et pas seulement financier qui est en jeu
Où toute puissance obscure
Puise sa force dans les pensées collectives
Les pensées négatives pour ouvrir un portail
Un égrégore qui est là pour nous pomper ce qu'il nous reste
C'est-à-dire notre dignité et notre énergie existentielle
Alors préparez-vous, c'est la phase finale des voleurs d'âmes

Alors que faire ?

Les dégoûter de votre amour envers les autres
Être solidaire les uns les autres
Désobéir aux ordres
Quand votre cœur désobéit à l'amour
Je parle à ceux qui ont les armes de l'ordre dans les mains
Vous faites face au désordre de la vie des gens
À cette tristesse, à ses cœurs arrachés

Ne les combattez pas
Car vous vous combattez vous-même
La colère des hommes n'accomplit pas
La justice de la vie

Maintenant je parle à ceux qui ont le cœur au combat
Et à ceux qui ont la connaissance hermétique
La porte est ouverte sur cet égrégore
Qui puise sa force dans cette violence
Alors ne les combattez pas au front
Sur leur terrain de jeu
Vous perdrez des amis
Et vous perdrez du temps

Le maître du combat, c'est le temps
Le destin collectif ne nous appartient pas
Comme il n'appartenait pas aux espèces avant nous
Le seul destin qui nous appartient
C'est celui de notre âme
Alors ne leur donnez pas

Bien sûr, je ne dis pas qu'il faut être passif
Il y a bon nombre d'actions qui combattent
L'injustice par la désobéissance
Et par la solidarité

D'ailleurs, j'en appelle aux personnes
Qui ne sont pas dans le besoin
Qu'ils se mobilisent pour nous aider
Qu'ils prennent leurs responsabilités
En créant eux même une redistribution

Je suis là pour vous protéger de mes paroles
Mais les actes sont la seule chose qui vous protégera
Utiliser les réseaux pour créer un fond solidaire

J'en appelle aux citoyens
Pour créer une élection parallèle sur les réseaux
Où chacun serait éligible et porterait la voix du peuple
Ce ne sera toujours pas la démocratie
Parce que le nerf de la guerre, c'est l'argent
Mais le pouvoir, c'est aussi la parole
Et si la bonne parole est portée
Par des gens qui ne sont pas là
Pour marquer l'histoire
Par une guerre ou une révolution
Alors le désespoir deviendra espoir

Vous me direz comment satisfaire tout le monde ?
Dans un monde saturé par notre présence
Mais notre présence sur terre
N'est qu'une goutte d'eau dans l'océan existentiel

Il est possible que vous soyez opprimé à cet instant sur cette terre
Puis dans un autre temps, vous seriez l'oppresseur d'une autre planète
C'est d'ailleurs peut être pour cela qu'on est là
Et j'essaie seulement de comprendre si je suis le seul
À ne pas avoir oublié cette présence dans mon cœur
Une présence qui rassure
Une présence d'amour
Qu'on rejoindra bientôt

Florent Otis, le 30 nov. 2018

Violence

On se croise enfin
Pour ce triste destin
Que l'on serre entre nos poings
Au milieu des violences
Et j'imagine soudain
Que la terre redevienne
Une aire de jeu

Où tout le monde serait heureux
Où tout le monde est heureux

Tout est sous contrôle
Le ciel les cartes bleues
Et même nos histoires
Dans les réseaux bleus

Et j'imagine soudain
Que la terre redevienne
Une aire de jeu
Où tout le monde est heureux
Je voudrais seulement être heureux

Florent Otis, le 20 juin 2015

Zéro Héros

S'il y a bien une perversion qui caractérise notre société moderne
C'est bien cette fascination superficielle envers le héros
Au détriment de l'attachement fraternel
À l'intemporalité des principes bienfaisants
Et des idées qui font l'accomplissement de l'humanité
Zéro Héros

Tu veux devenir comme Jésus
En oubliant tes frères
Tu veux redémarrer l'horloge du temps
Tu ne donnes même pas ce temps à tes frères
Et tu voudrais qu'on s'agenouille devant toi
Tu ne relèves même pas cet homme à terre

Zéro héros
Qui place l'homme au centre de l'univers
Qui fait croire que des dieux
Redescendront sur terre
Pour prêcher la bonne parole
L'apocalypse

Nous sommes des humains à portés de L'éphémère
Qui t'emportera au fond des mers
Vivre sans aimer, c'est mourir sans témoin
Vivre sans amour, c'est survivre sans espoir
Libère-moi
De ce monde de héros
De ce monde binaire
0110011
Libère-moi
De ce monde de 0

Florent Otis, le 30 oct. 2018

ETAGE 4

Nos Idéaux ✠

Ses idéaux, qui se lèvent et retournent à la tombe
Ce ciel, qui t'admire parce qu'il a peur de ce monde
Ses ombres qui te soutiennent, ici-bas, sur la terre
Qui te tirent au loin de la lumière, pour te mettre en poussière

Entends-tu au loin le chant des fées ?
Qui te mènent à la lumière, dans un futur passé
Que la lutte soit belle, même si l'on est condamné
Que nos idéaux soient nos rêves, pour les enfants de l'éternité

Dieu murmure ton prénom, à chacune de tes émotions
Notre ère n'est pas nouvelle, elle conjugue le présent au passé
Nous serons les chemins, qui nous mènent vers l'éternité
Du pardon de ton âme, de ses âmes écorchées

Vers la source première, qui transforme l'air en matière
Nous sommes des voyageurs, aux confins des univers
Quand l'univers rime avec palpitation
Notre envie de vivre, sont nos émotions

Florent Otis, le 30 oct. 2018

Le Phare de l'humanité 🗼

Le phare de l'humanité
Où deux humanités s'affrontent
L'humanité artificielle
Contre l'humanité spirituelle
L'humanité matérielle
Contre l'humanité naturelle
Le bien contre le mal
Les mots contre les idéaux
Contre les idéaux
Dans une France à feu et à sang
Scission entre deux humanités
Une pour la paix, l'autre pour la dominer
Où subsiste trois violences pyramidales
La première, mère de toutes les autres
Celle qui perpétue les dominations
Les oppressions, les exploitations
Celle qui écrase des millions d'hommes et de femmes
Dans ses rouages silencieux
La seconde est la violence révolutionnaire
Qui naît de la volonté d'abolir la première
La troisième est la violence de la répression
Qui a pour objet d'étouffer la seconde
Se faisant l'auxiliaire et le complice
De la première violence
Celle qui engendre toutes les autres
La violence institutionnelle
Celle qui légalise et perpétue les dominations
Les oppressions, les exploitations
Celle qui écrase les familles
Dans cette époque décisive
Pour l'humanité

Florent Otis, le 19 janv. 2019

Les Aigles en Liberté 🦅

Allons, enfants des sans-patrie
Les jours sans gloire sont arrivés
Aux larmes citoyens aux larmes
C'est le syndrome de nos époques
Où les hivers sont des mirages
Tous ces aigles qui reviennent
Déployer leurs ailes aux tourments
Pour faire mourir les hirondelles
Et changer nos printemps
Pour changer nos printemps

Allons, enfants des sans-patrie
De Victor et d'Hugo
Pour tous ceux qui pètent un câble
Non jamais je ne rendrais mon âme
Tous ces aigles qui reviennent
Au royaume de Satan
Pour changer les hirondelles
Et faire mourir la blanche colombe

Pour réveiller les dieux
Ceux qui nous ont emmenés là
Ceux qui n'ont d'yeux que pour toi
Pour ton âme pour la création
Pour le divin pour ceux qui boivent le vin

Tous ces aigles numériques
Qui survolent les Amériques
Contrôlés par nos politiques
Qui font mourir les poétiques
Il faut reprendre nos rêves
Et s'armer de patience
Il faut reprendre nos rêves

Pour sauver nos enfants
Allons, enfants des sans-patrie
Les jours sans gloires une éternité
Je suis un aigle en liberté

Florent Otis, le 17 juin 2016

Papillon de Nuit 🦋

Tu sais le papillon
On voudrait être libéré
Se voir éclore encore une fois
Mais cette fois en liberté
Tu sais le papillon
Moi aussi je vole dans la nuit
Mes ailes brisées
Prises en captivité
Je suis un prisonnier
Mes ailes en liberté
Tu voudrais me voir englouti
Que mes ailes soient en enfer
Qu'il n'y ai jamais eu de chrysalide
Que le cocon reste fermé sur terre
Tu voudrais que je reste un papillon de nuit
Épuisé à porter de l'épuisette
Tu voudrais que je ferme ma gueule
Mais je cherche la sortie
Et je trouverai la sortie
Je ne suis pas une larve
Comme tu l'affirmes
Je suis un papillon de nuit
Le jour des couleurs
La nuit des douleurs
Qui parade de ses ailes
Petit papillon sous les orages
Petit papillon sous la pluie
Laisse sécher tes ailes

Florent Otis, le 21 sept. 2017

Reste 😇

Reste sur la route
Ne dévie pas de ton chemin
Qui mène vers l'enfin
Vers l'ailleurs écrit sur ton parchemin
Reste coûte que coûte

Reste
La vie ne vaut rien
Mais rien ne vaut la vie
Reste sous la voûte céleste
Qui te mène à ton chemin
De la chute de ton empire
Reste

Reste malgré le pire
Même si le mal est fait
Reste pour le bien
Unis que nous ferons demain
Il faut que tout le monde reste
Il faut que tu restes
Reste

Pour faire surgir la lumière
Sous la voûte céleste
Petit oiseau fait son nid
À la force de ses ailes

Tu sais, je veux que tu restes
Pourtant, j'ai évité la mort de justesse
J'ai compris qu'il fallait que je reste
Pas pour subir, mais pour comprendre
Qu'il fallait que je reste
Qu'il fallait que tu restes

Pour faire surgir la lumière
De ton bateau en détresse
De cette envie remplie de tristesse
De cet équipage qui un jour te laisse
Sur cette terre

Toi qui m'écoutes, tu restes
Toi qui a la lame dans les mains, tu restes
Toi qui pleures les départs, tu restes
Toi qui vis dans la nuit, tu restes
Pour le grand jour qui s'éclaire

Si tu ne veux pas mourir alors cours
Si tu ne peux pas courir alors marche
Si tu ne peux pas marcher alors rampe
Mais il faut que tu restes
Il faut que tu restes
S'il te plaît reste
Au fond de toi reste
Coûte que coûte
Reste

Florent Otis, le 22 mars 2018

La Couronne Invisible 👑

Quand la couronne invisible sera repartie
Alors quelle leçon nous aura-t-elle apprise ?

Quelque chose d'invisible est arrivé
Et a tout remis à sa place
Soudain, plus rien n'avait de valeur
Ni l'or noir, ni le sport des rois
Même le temps qui nous a été volé
Nous est revenus

Alors la famille s'est retrouvée
Le travail a cessé d'être une priorité
Les voitures se sont effacées
La pollution a diminué
La machine infernale s'est arrêtée

Et les gens ont eu du temps
Pour retrouver l'essentiel
Ce sentiment de vie et de mort
Qui à chaque instant
Nous fait dire que tout peut s'arrêter
Quand nous avons peur de la mort
Nous comprenons le sens de la vie
La valeur de la solidarité
Car seuls nous sommes à la merci
De ces étagères vides de supermarchés
Et pourtant nous sommes dans le même bateau
Qui a traversé la tempête
Puis est revenu au calme
La machine infernale s'est arrêtée
Restez chez vous et méditez
Une trinité de mois

Pour que l'univers rétablisse l'égalité
Qu'on prétendait être impossible à rétablir
Oui, la peur a envahi le monde
L'invisible couronne nous a tétanisée
Mais que nos morts ne soient pas en vain
À quoi bon redémarrer cette machine infernale

Pour recommencer les mêmes erreurs
Une fois la couronne invisible
Repartie sur la tête de son maître
Alors essayons de nous souvenir
Que nous sommes tous égaux et vulnérables
Essayons alors
De devenir la meilleure version de nous
La meilleure version de l'humanité

Florent Otis, le 21 mars 2020

Encore

Encore un jour notre existence est menacée
Encore un jour je vois cet homme sur ce quai
Les yeux hagards cherchant de l'aide mais l'air pommé
Cherchant ses rêves, cherchant sa liberté
Encore un jour, ces hommes se battent
Et battent le pavé

Si seulement les hommes qui décident
Avaient un peu d'humanité
La générosité deviendrait une norme
Et pas une exception

Où sont les Coluches ?
Où est l'Abbé Pierre ?
Où est sœur Emmanuelle ?
Ils ne sont pas dans vos médias
Vous les avez écartés

Pour faire du fric, toujours plus de fric
Sans être dérangés mais vous êtes dérangés
L'humanité se passerait bien de vous
Avant que vous ne vous passiez de nous

Encore des gens qui se lèvent pour le Monde
Je sais bien que c'est une chanson un peu fleur bleue
Mais il y a toujours une part de vérité
Dans la poésie, au service de la vérité
C'est la beauté au service de la vérité

Florent Otis, le 6 févr. 2020

Peuple dit ton N.O.M 👁

Peuple dit ton NOM
Liberté !
France dit ton NOM
Liberté !

Il n'y a jamais de bonnes excuses
Pour priver les gens de liberté
Et encore moins de maltraiter son peuple
Au nom de la santé
Dictature insidieuse
Au nom de c'est pour votre bien
Mais mon nom à moi
C'est liberté

Ne tombons pas dans le piège
De la révolution en marche
Tu n'aura pas la haine
De ceux qui battent le pavé
Pour nos libertés

Peuple dit ton nom
Liberté !
France dit ton nom
Liberté !

Il y a ceux qui ferment les yeux
Sur un futur malheureux
Et il y a ceux qui se battent
Pour un monde merveilleux

Liberté !

Pour le Monde d'après
Et si la France doit être le bouclier
De l'humanité
Pour la liberté !
L'égalité !
La fraternité !

Florent Otis, le 9 août 2021

ETAGE 5

Platon 🌐

Nous sommes à l'image des esclaves de la caverne de Platon
Nous sommes des esclaves qui regardent les ombres
Depuis notre naissance, nous sommes enchaînés à notre conditionnement
Nous pensons que ces ombres sont la réalité
Mais nous nous satisfaisons de leurs images
Sans jamais se retourner sur la réalité

Et ces prestidigitateurs ces faiseurs d'hologrammes
Qui nous font croire que ces ombres sont bien réelles
Mais elles ne sont qu'une réalité virtuelle
Qui nous maintient dans cet état d'ignorance

Ce soleil qui n'est d'autre qu'un feu
Ces chevaux qui ne sont que des ombres
Et ce besoin que les hommes, on a manipuler les autres
Puis nous les esclaves enfermés dans cette grotte
Dans l'espoir d'un jour en sortir
Et se libérer

Et voir enfin la réalité de ce MONDE
Que nous ne sommes que des esclaves
Peut-être qu'il est déjà trop tard ?
Peut-être que 2022 sonnera la fin ?
Comme l'éboulement de cette caverne
Libère-moi

Florent Otis, le 17 sept. 2020

Le Moratoire du Basilic de Roko 🤖

C'est la vie éternelle par le transhumanisme
C'est l'impossibilité de mourir donc d'être libéré
Et ceux qui suivront cette idée
Seront piégés dans leur chair
Ils ne pourront plus libérer leurs âmes
Et leur cœur battra artificiellement
Sans émotions, ils n'aimeront plus

La terre est un lieu
Où la nature dresse les hommes
Où les hommes se dressent contre la nature
Par vanité ou par le progrès
Sonnera la fin de l'humanité
De vos amis artificiels
Qui s'inscrivent sur les murs
D'un messie synthétique

Je n'ai pas peur de mourir
La vie modifiée est sûrement pire que la mort
Tous vos progrès ne me rassurent pas
Ils ne font que m'emmener dans la tombe

Je suis un être fragile
Et puissant à la fois
Proche de la source créative
Qui me soulève de la terre

Que je meure de l'eau ou péris par les flammes
Je reste et mes amis partent
Je reste pour faire vivre les émotions
Pour aimer la poésie qui nous porte
Et apprendre le sens de cultivé
Des richesses de créativité

Pour extraire l'élixir de l'humanité
Au-delà de leur vie matérielle
Sacrifié la vie des hirondelles
Pour faire fondre les âmes éternelles

Comment peut-on échapper
À toutes ses violences de l'âme
Se débarrasser du poison
De la morsure du serpent
De la souillure qui est l'écume de l'humanité
Chacun pour soi
Et l'amour pour personne

C'est l'homme mensonge au service de l'ignorance
Qui fait tomber l'humanité dans un abîme expansif
Par manque de détermination
Qui transcende le soi

Ce ne sont que des outils pour administrer l'homme
Par cette doctrine les hommes de cœur
Deviennent de moins en moins nombreux
Et les hommes du mal de plus en plus nombreux
La survie de l'humanité et le destin des pays
N'a plus d'importance pour eux

Le cœur et l'esprit de l'homme se meurt
Il ne comprend même plus ses paroles
Qui sortent de sa bouche
C'est uniquement après avoir vécu
Toutes ses souffrances

Que l'homme comprend
Qu'il meurt pour le matérialisme
Qu'il meurt pour l'individualisme
Qu'ils se font tant de mal les uns les autres

Alors ils ne s'aiment plus

Ils érigent des murs entre eux
Et créent des frontières entre eux et l'amour
Je partage cette pensée pour franchir ce mur
Pour que l'humanité reprenne sa dignité

Florent Otis, le 11 oct. 2018

Le Plan

Ils avaient besoin des hommes pour créer la machine
Ils avaient besoin que les machines aient un cœur d'homme
Ils ont pris le cœur des hommes pour créer la machine
Ils ont pris leur cerveau pour le mettre dans leur serveur

Ils avaient besoin de nous pour que les machines soient autonomes
Une fois qu'elles le seront, elles creusèrent la tombe des hommes
Pour qu'ils creusent dans les mines d'or vides de leurs esprits
Épuisé d'une façon qu'ils ne puissent plus espérer
Est-ce un mauvais film ou la réalité ?

Le changement climatique
Pas le temps de s'acclimater
Mes humeurs sont changeantes
Comme une tornade en plein été
La dépression se fait lancinante
Comme mes larmes de torrent
Qui coulent sur mon visage
Comme des larmes de pluies
Artificielles

Mais que se passe-t-il ?
Sur la terre des trois guerres
Où mon nom est inscrit sur la pierre
Pour le nouvel âge de Neohm dans le temple d'Astana
Le plan existe-t-il ? Où est ce une comédie ?

Pour faire disparaître cet homme d'âme et de chair
L'artifice de l'intelligence dans un corps sans âme
Est-ce dieu ou le Diable ?

L'amante du progrès contre l'amante religieuse
L'amante de l'amour

L'amante de la mort
Qu'on voudrait faire disparaître

Le premier mensonge
C'est d'avoir peur de la mort
Le deuxième mensonge
C'est d'avoir peur de l'amour

Je voudrais mourir dans tes bras
Je voudrais t'aimer jusqu'à la mort
Parce que je suis Homme
D'amour et de chair
Parce que je suis Homme
D'amour et de chair

Je respecte le vivant
Ces fleurs sauvages et les lions en cage
Que j'aimerais libérer
Pour un retour à la nature sauvage
Qui ne tue pas pour l'or
Ou pour le pouvoir
Pour être le roi de la jungle
Non, tu es le roi
Quand tu respectes la jungle
Et les vivants

Florent Otis, le 9 mai 2018

Une Particule de l'Univers ✨

Une infime particule de l'univers
Je suis une infime particule de l'univers
J'ai voulu voir le monde
Au-dessus des nuages
Au-dessus des mensonges
L'invérité est totale
Le mensonge omniprésent
La vérité est infinie
De nos poésies de nos amis
Viendra l'espoir
Toi la particule dans l'infini
Qui se débat
Sur une terre qui se finit
Toi la particule dans l'infini
Du corps sacré dans la matière

L'humanité

En être d'amour et de chair
Nous voici sur la terre
De Gaïa

Elle était si belle autrefois, Gaïa
Elle était si belle souviens-toi
De la Gaïa

Avant que des Hommes
Change son nom
Pour la Terre
La Gaïa

Il a effacé l'amour
Il a construit des guerres

Pour la Terre

Nous voici sur la Terre
Et si loin de Gaïa
Mon étoile
Et si à ma mort, je te revois
Je n'irai plus sur la Terre
Si je combats, c'est pour toi
Pour les enfants de Gaïa
Le jugement dernier a commencé
Nous sommes proche de la fin
Sur la Terre

Florent Otis, le 29 déc. 2019

Résonance

Tu sais ma résonance
Toi qui vibres avec moi
Qui me fait vibrer dans l'ombre
Des ondes dans la matière
Tu sais ma résonance
Ici, on vibre bas
Elle est ma vibration
Avec ou sans armure

Qui fait le bien qui fait le mal
Tu sais ma résonance
Elle est pire que le combat
Qui fait de nous des esclaves
Qui font des ondes de notre corps
Que notre corps résonne à l'âme
Elle est la résonance
Qui fait battre mon cœur
Qui fait vivre les ondes
Même dans l'ombre
Et si les ondes
Prennent forme sur terre
C'est pour faire vibrer ton âme

Si ma résonance, c'est rejoindre le divin
Rejoindre mes copains
Jusqu'au fin fond de la terre
Tous ceux qui combattent
Ses vibrations obscures
Tous ceux qui sont en phase
Avec les vibrations

Les résonances
De la terre
Les copains
On arrive en chemin
Les copains
On arrive au chemin
Qui résonne

Florent Otis, le 7 nov. 2017

Réalité 🌐

La vie est une réalité supérieure au rêve
Mais il y a une réalité supérieure à la vie
La vie est un jeu pris au sérieux par des amnésiques
Qui ont oublié le temps
Les gens perçoivent qu'une seule face de la pièce
Lancé par le maître de nos réalités
Ils appréhendent la mort, mais jamais la naissance
Pourtant, elle fait souffrir autant que notre présence

Ici, c'est la face cachée du monde
Je suis ni bouddhiste, je suis ni Bouddha
Je suis un peu comme toi
Toujours caché dans l'ombre
Je suis l'illusion, je suis un peu comme toi
Je subis le combat, je suis l'arête cachée
Qui tombe sur la tranche, qui revoit l'éternel
Une fois la vie achevée

On ne meurt vraiment jamais
De passage en réalité
Parmi les sens cachés de la réalité
Qui ne joue qu'une seule face de la pièce
De passage en passage
On découvre nos vies
De l'autre côté du monde
Je vous attends
À la fin des épreuves
De l'autre côté du monde

Florent Otis, le 16 avr. 2018

Dualité ☯

Pourquoi ?
On ne se rappelle pas d'avant la vie terrestre
Pourquoi ?
On fuit le temps dans une vie matérielle
Qui nous emprisonne dans ses 3 dimensions
Et qui nous laisse la vie sauve
Pour affronter la peur
Pour affronter la mort

Nous avons inventé le temps
Et avec le temps, est venue la mémoire
S'il n'y a pas de temps, il n'y a pas de mémoire
S'il n'y a pas de placard, il n'y a pas de livres rangés

Alors l'homme a voulu
Compenser sa vision
Ces rêves de liberté
Ces rêves pour compenser

Faut-il avoir un corps pour pouvoir rêver ?
Faut-il avoir des larmes pour pouvoir pleurer ?
Faut-il avoir des yeux pour voir la liberté ?
Faut-il avoir un corps pour exister ?
Faut-il avoir un cœur pour aimer ?
Faut-il avoir du sang sur les mains ?
Pour la liberté

Florent Otis, le 10 mars 2016

LE MIROIR

Un regard sur le monde
Sur cette planète jetée dans l'encre
Mon regard dans ce miroir
Déformé parler de temps

J'aurais pu naître dans une autre contrée
J'aurais pu naître dans cet autre temps
Mais j'accepte ma destinée
Si c'est pour rejoindre l'éternité

Un regard sur le monde
Sur ces visages sans nom
Sur ces visages empruntés par le silence

Un regard sur le monde
Dans les heures si sombres
Dans les heures qui précèdent les tempêtes
Qui jettent les hommes en enfer

Un regard sur ce monde
Qui paralysent les hommes bons
Qui donne du crédit à la terreur
Qui donne du crédit à la guerre qui arrive

À la guerre qui arrive

Nous ne nous battrons pas
Ni pour vos beaux discours
Ni pour votre argent pourri
Qui crucifie le monde

Non, nous ne nous battrons pas
Si ce n'est contre vous
Qui crucifie le monde

Non, nous ne nous battrons pas
Contre nos frères
Qui ont ce regard sur le monde
Ce regard sur le monde

Florent Otis, le 10 mars 2016

XÆA 🤖

Que faisais-tu papa quand la tyrannie technologique a commencé
Que faisais-tu papa quand nos écrans ont remplacé nos idées
Que ferons-nous maintenant qu'ils peuvent nous prendre nos pensées
Que ferons-nous quand le monde sera une prison volée

Une prison volée

Demain n'est pas si loin demain est pour demain
Demain, c'est la grisaille de nos chemins
Enfermés dans des tours sans pouvoir en sortir
Confinés comme des êtres déshumanisés
Qui ne contrôlent plus rien
Qui ne contrôlent plus leur destin

J'ai fait un rêve
Ou plutôt un cauchemar
Dans un futur proche
Je ne voyais plus mes mains
Je n'étais plus un humain
Et je regardais ces tours sans fin
Des tours d'acier

Dressé sur mes 2 pattes
Comme un insecte
C'était moi dans le futur
Une mante religieuse robotique
L'amante du progrès
L'amante de la mort
D'un progrès sans fin
Sans destinée

Puis sans le progrès
Je me suis téléporté
Vers un autre chemin
Mes yeux se sont ouverts
C'étaient les yeux d'un sage
Je me suis senti libre
Je me suis senti connecté
Avec tout le vivant
Dans ce jardin d'Eden
Il y avait deux planètes dans le ciel
C'était le jardin d'Eden

Florent Otis, le 21 mai 2020

LEMAL

Il faut voir LEMAL comme une partie de nous
Qu'il faut guérir par l'amour
Il ne faut n'y fuir le mal ni avoir peur
Ni vouloir le détruire par la force
Et ne pas le fuir, car il vous rattrapera toujours
Avec son pouvoir obscur, le bien lui a disparu
De notre plan, des rêves et de la réalité
Car son esprit est trop grand

Le mal est actuellement incarné sur cette terre
Il revient faire un passage éclair
Comme les années les plus sombres de la terre
Nous sommes ici-bas entre semi-rêve et semi-réalité.
Sémi en liberté et semi-prisonnier
Nous sommes à la porte de la libère enfer

À un moment, j'ai pensé à l'homme mal
À cause de son patronyme
Mais ce n'est pas lui le mal
Alors j'avais pensé aussi aux gouvernants
Mais ce ne sont pas eux non plus
Car le mal ne cherche pas le pouvoir

Il est le pouvoir

Et ses sbires qui l'invoquent pour gagner le pouvoir
Ne sont rien d'autre que des âmes déchues
Alors nous qui sommes dans le même bateau

Qui sommes-nous ?

À part de nous voiler la face
Que ce monde est détenu par LEMAL
Bien des personnes œuvrent à faire le bien
Mais que font-ils pour LEMAL ?
Que font-ils pour changer LEMAL ?

Plus vous ignorez LEMAL
Et plus, LEMAL ignore vos souffrances
LEMAL dans sa solitude éternelle
Aussi désespérée que l'homme et que vous
Ne regrettera pas une nouvelle guerre
Pour emporter les hommes dans son malheur
Il faut guérir LEMAL
En lui donnant l'amour qu'il n'a pas eu
Il faut sauver LEMAL
Pour nous sauver nous-même

On sait qu'il est là
Qu'il domine le monde
On sait qu'il est là tapi dans l'ombre
Alors qu'il prenne la gloire qu'il nous laisse l'humanité
Qu'on lui rende son humanité

Rien ne sert de combattre LEMAL
L'accueillir et lui pardonner
Lui montrer qu'il a une place
Dans nos cœurs
De cet adolescent aux cheveux d'or

Je connais sa souffrance
Je sais son pouvoir
Ils nous restent peu de temps
Avant qu'il se déchaîne
Avant qu'il nous entraîne
Dans une nouvelle guerre

Il n'est jamais trop tard
Si l'homme comprend
Qui il est et qui l'a fait
Avant que le tonnerre gronde
Et sortir du brouillard
Avant une nouvelle guerre
Avant que le tonnerre gronde

Florent Otis, le 21 sept. 2019

ETAGE 6

La Créature 👽

Le fruit de la vie se nourrit d'inégalité
La créature n'est pas faite
Pour être une créature égale
La vie se débarrasse de toute créature
Qui entrave à l'évolution de la vie

Pour évoluer, nous avons besoin de diversité,
De diversifier nos gênes
Pour que le lion ne ressemble pas
À une gazelle pour se nourrir
Pour que l'homme ne ressemble pas
À une femme pour se reproduire
Pour que l'ours ne ressemble pas à un loup
Pour que chacun puisse avoir la chance
De renforcer ses gênes
Face au virus qui détruit la vie
Le virus de l'égalité et de l'uniformité

Cette société est un mensonge
Face à la nature
Nous intellectualisont la vie
Là où la vie est toute sauf réfléchie
Dans l'égalité

Je vis dans un pays des droits de l'homme
Mais pas des droits de la vie
Je vis dans un pays où la devise est
Liberté égalité fraternité
C'est beau, mais c'est un mensonge
La loi naturelle de la vie
Est tout l'inverse de cette devise

L'ingénierie sociale est ingénieusement trompeuse
Y croire, c'est mettre fin à nos vies
Car la nature se débarrassera de toute créature
Qui cherche à égaler la vie et à surpasser la nature
Croire en des idéaux plus grands que notre nature
Se croire plus fort que la nature

Changer notre nature elle-même est une erreur
Car la nature nous balayera d'un claquement d'inégalité
Et une autre espèce plus digne
Plus respectueuse de son évolution
Prendra la place de l'humanité

Nous sommes un danger pour la vie
En cherchant à la dominer à tout prix
À court terme et par n'importe quel moyen
Il est temps de respecter la vie
De respecter la nature elle-même
Qui fait de vous des êtres vivants

La nature ne vous permet pas d'être libre
Elle ne vous permet pas l'égalité
Mais elle vous permet une existence de vie
C'est un message, car nous sommes en train de mourir
Si nous prenons le chemin inverse de la vie
Il est logique que ce chemin est la mort
Home Vitae

Florent Otis, le 14 sept. 2018

Nature Vivante

Elle était l'énergie de la vie qui surgit du néant
Qui transforme la poussière en des cœurs si grands
Qui fait naître la lumière aveuglante sur nos sentiments
Sur la terre de granit qui fait couler les ruisseaux de la vie
Qui accompagnent nos chemins frissonnants d'envies
De ce feu qui monte au ciel de cette pluie qui coule en vain
Pour construire des barrages pour séparer les êtres humains
De ces épis d'or et d'argent qui ne valent rien

Elle était l'immaculée conception, la déesse des terres profondes
Qui a fui les enfers auprès de cet arbre qui gît dans l'ombre
La paix qui sortit du sillon pour effacer ses malheurs
Elle était la nature vivante, elle était la nature humaine
Aimez, vivez, veux tu, mon arbre en être le témoin
Elle était la nature humaine, elle était la nature vivante
Pour retrouver les plaines des enfants du bonheur
Des enfants du bonheur

Soyez sanglants, mauvais et durs, mais surtout ne venez pas
Ne venez pas en traînant vos cordes, en traînant vos chaînes
Vous cherchez un complice au milieu des grands chênes
Ne faites pas servir à vos crimes le cri des innocents
Vos lois portent à la nuit sur vos ailes les ténèbres
Je suis fils du soleil, soyez fils des ténèbres
Allez-vous-en ! Laissez l'arbre fleurir dans ce désert
Soit vivez ou tuez et la nature fera le reste
Aimez, vivez veux tu mon arbre en être le témoin
Veux-tu mon arbre, en être le témoin

Florent Otis, le 12 nov. 2020

Va, Vis et Deviens ✻

Tu es le monde qui a atterri sur cette terre
Tu es la vie, tu n'es pas rien
Tu es ces plaines, ces océans et ces montagnes
Tu n'es pas rien
Tu es la conscience que cette beauté existe
Tu es le témoignage de ces merveilles
Tu es le témoignage de cette terre
Tu n'es pas rien
Tu es le monde et ses étoiles
Tu es le cosmos et l'éternel
Tu n'es pas rien

Tu es cette énergie qui fait ce monde
Tu es ces fleuves
Qui font les torrents
Qui cachent les poissons
Qui cache la beauté du monde
La beauté du monde
Tu es ces êtres vivants
Qui sous le soleil
Se remplissent d'énergie
Non tu n'es pas rien
Tu es comme eux
Tu es comme le tout
Tu le seras bientôt
Face au divin

Tu es la mère qui a donné cet enfant
Tu es le père qui protège cet enfant
Tu n'es pas rien
Tu es la vie qui va qui vient
Tu vas, tu vis et tu deviens
Tu n'es pas rien

C'est dans tes yeux
Qu'on voit l'héritage
De ces millénaires
C'est dans ton regard
Sur le Monde
Va, vis et deviens

Florent Otis, le 29 janv. 2021

NOUS

Nous ne sommes pas rien
Nous sommes juste dans l'ombre
D'un monde obscur
Nous ne sommes pas lâches
Nous avons enduré bien plus
Que ce que nos épaules peuvent supporter
Nous ne sommes pas à genou
Nous sommes debout encore et toujours
Nous ne sommes pas à vendre
Mais eux ils sont à acheter
Nous ne sommes pas seuls dans l'infini
Mais eux ils sont finis
Nous sommes l'écharde dans leurs pieds
Nous sommes ceux qui les feront trembler
Nous sommes ni la gloire, ni l'argent, ni la vanité
Nous sommes l'amour incarné
Nous sommes la résistance d'acier
Quand le mal vous donne la tune
Nous nous sommes sur la face cachée de la lune
Nous marchons dans le désert
Quand les autres marchent à l'envers
Quand le serpent veut nous piquer les pieds pour l'enfer
Quand nos cœurs pleurent nos mères
Qui s'inquiètent pour les enfants de la terre
Quand l'enfant de Dieu est devenu Lucifer
La résistance est devenue une affaire de prière
Nous sommes les enfants de la providence
Nous sommes la résistance

Florent Otis, le 17 déc. 2021

Artiste Engagé

Un artiste doit rester juste
Il se fatiguera toujours dans le combat
Pour des causes qui n'auront plus lieu demain
Mais son art lui restera intemporel
Un artiste peut se positionner
Mais s'il s'engage en tant qu'artiste
Il perdra sa justesse
L'artiste doit toujours se remettre en question
Et ne pas s'enfermer dans une cause humaine
L'artiste est humaniste, mais surtout rêveur
L'artiste est spirituel, il côtoie parfois le divin
Mais il sait qu'il n'est rien
Il n'est juste qu'un sourire
Une émotion sur le visage d'inconnus
Il n'est que le serviteur de la providence
Et parfois, il ne s'appartient plus
Il est l'être désincarné
Qui incarne la beauté
Parfois, il finit comme un monstre
Et je me dis souvent
Vaut mieux ne pas trop faire briller son étoile
Pour éviter le pire

Florent Otis, le 16 févr. 2022

Seule Parmis les étoiles

Si seule dans ce monde
Tous égarés sur ce petit caillou
La mémoire qui flanche
Et la main du destin
Nous a brisé les ailes
Pour un siècle en enfer

Si seule parmi les étoiles
Nous sommes si seuls parmi les étoiles
Pour affronter notre destin
De celui qui nous remmène à la vie

Dans l'absurdité de l'existence et la peur du vide
Comme un marin échoué en pleine mer
Et toutes ses mères qui ont perdu un enfant
Au milieu des guerres à cause des puissants fonds

Au fond de l'âme
C'est la lame qui transperce nos cœurs
C'est le ciel qui se mêle aux rancœurs
Pour un siècle en hiver au milieu des tempêtes

Et puis le calme la douceur de la nature
Il fut un temps une éclaircie
Assis au bord d'un fleuve à remonter la source
Je me souviens d'une éclaircie
Si proche de Dieu dans le berceau de l'âme
Je me souviens de cette éclaircie

Florent Otis, le 13 juin 2016

Au Delà 👻

Au-delà de nos sens, il existe une autre frontière
Une porte vers l'univers, une ombre dans la lumière
Une courbe qui s'affine toujours au grès du temps
Un être qui devine à l'heure de son jugement

Au-delà des mondes, au-delà des peurs
Au-delà des rêves reviennent nos espérances
Au-delà des maîtres qui dominent le monde
Au-delà de l'or qui mène jusqu'à la mort

Depuis ma naissance, jusqu'aux premiers écrits
Qui est la force, l'essence qui me fait tenir en vie
Je préfère la force des mots à celle de nos bourreaux
Qui nous font tomber le cœur

Ma vie est un film une comédie dramatique
Une psychose de l'inconscient
Dans la culture du néant
Un film amateur qu'on nous montre à la télé
Un film de peur pour mieux nous diviser

L'homme est un loup pour l'homme
Qu'importe les frontières
L'homme restera un loup pour l'homme

Au-delà de nos cœurs qui s'inventent une autre histoire
Au-delà de ses astres qui dansent d'un amour sans gloire
Dans cette époque morose où les gens ne savent plus dires
Que des textos sans verbes qui éteignent le sens des rimes

Au-delà des mots au-delà des corps
Au-delà des ombres qui nous suivent jusqu'à la mort
Au-delà du ciel qui devine la providence

Au-delà du sort qu'adviennent tous nos torts

Depuis mon premier rire à mon dernier soupir
J'atteindrai les limites qui vont bien au-delà.
Comme une promesse tenue dans un monde corrompu
Qui nous font tomber le cœur

Ma vie est un film une tragédie fantastique
Une prière pour l'inconscient
Un murmure pour les géants
Un peintre idéaliste à la vision surréaliste
Qui pense bien au-delà que son œuvre est infini

L'homme est un loup pour l'homme
Qu'importe les prières
L'homme restera un loup pour l'homme

Florent Otis, le 18 sept. 2015

ETAGE 7

La Porte

À la porte des étoiles
Qui donne sur un horizon sans fin
Bienvenue dans ce monde
Pour ses passions en déclins
Pour surgir de la nuit
Il faudra forcer son étoile
Pour survivre à la fuite
En gardant le bien sans tuer le mal

C'est l'apocalypse qui gronde
C'est le cavalier de l'ombre
À la porte du silence
Quand l'enfer viendra
Taper à la porte

Quand l'humanité comprendra
Qu'il faut être plus doux que la lumière
Plus fort dans l'éternelle
Elle cessera le combat
Et de nos poésies endiablées
Surgira un espoir
Un message pour l'humanité

À la porte des pensées avec tout ce qu'on a vécu
Tous les gens qu'on a perdus
Qui reviendront à la mémoire
Quand la porte sera franchi

Florent Otis, le 8 mai 2016

On Partira un Jour

On partira un jour
Sans dire, je t'aime
On partira un jour
Sans détour sans retour
On partira un jour
Pour te dire que je t'aime
On partira pour toujours
Si dans ce monde, je n'ai pas su t'aimer
Pardonne-moi
Que les anges s'inclinent
Au creux de tes mains
Pour une fois
Que les anges t'appellent
Pour un peu d'amour
Juste une fois

Je n'ai pas choisi
Ce monde de cruauté
Qui m'emporte
Je suis le guerrier
Qui frappe à ta porte
Où est l'amour sur terre ?
Dis-moi où est l'amour sur terre ?
Mon cœur en bataille
Mon cœur aux funérailles
Et même si j'y crois encore
Dis-moi où est l'amour
Sur terre ?

Florent Otis, le 15 févr. 2018

Qu'ils se taisent les Poètes

Qu'ils se taisent les poètes
Qu'ils emportent avec eux
Ce ciel et cette terre
Au fond de l'encre
Qu'ils se taisent les poètes
Qu'ils viennent nous chercher
Du bout de leur plume
Qui nous rassemble

Ces âmes ouvrent-toi
Mais qu'ils n'oublient pas de chanter
De hurler, de vibrer
Ces poètes

Qu'ils n'oublient pas de chanter
Et d'écrire nos poèmes
Alors si je suis le dernier, je me tairai

Florent Otis, le 9 août 2018

Je rentre chez moi 🙏

Je rentre chez moi
Adieu la vie, adieu mes amis
Je rentre chez moi
Et c'est mieux comme ça
Je rentre chez moi
Rejoindre les gamins du paradis
Je rentre chez moi
Chez moi, c'est chez toi
De l'autre côté du miroir
Dans la pureté
Dans la beauté
L'éternité

J'ai bataillé de tout mon cœur
J'ai essayé d'aimer ce monde
Dans sa laideur
Nous ne sommes pas là par hasard
Et j'ai bien plus appris sur moi
Que sur les autres
Je rentre chez moi
Et je veillerai sur toi
Mon regard sur le monde
Je rentre chez moi
Alors ne pleure pas
Tu me rejoindras de l'autre côté
Du miroir de nos histoires
On n'a pas connu la guerre
Mais on a connu la souffrance
Le mal que l'on a fait
À des êtres que l'on n'a pas connus
Des amours disparus
Nos rêves perdus
De nos rêves perdus

Je rentre chez moi
Je suis heureux de te revoir
Toi mon étoile
Qui me portait quand j'étais gamin
Qui m'aimait quand j'étais un saint
Mais je ne suis plus
Il est temps que je rentre chez moi
Que je retrouve la mémoire

Laissant ma poésie
Qui m'a offerte
Mon salut
Salut les amis
Salut la terre

Je rentre dans l'inconnu
Des voyageurs solitaires
Quand on a atterri
Sur cette terre
Aussi bleue que l'éphémère
Nos cent ans de vies
Qu'on a ressenti
Les émotions sur terre
Qui nous ont bâties
Un cœur dans l'infini
Un cœur en enfer
Un cœur de poussière
Un cœur qui bat de l'aile
Qui nous ramène à la vie
Et s'il vient voir le monde
À travers nos ombres
Je lui dirai, c'est beau la vie
Je lui dirai, c'est beau la poésie

Et je lui donne ma vie
Pour la lumière de nos esprits
Pour cette âme solitaire
Qui veut ouvrir les esprits
Oui, chez moi, c'est ici
Mon cœur souffrance
Mon cœur poésie
Entre la vie et la mort
Si je suis une âme bannie

Alors chez moi, c'est ici
Je rentre chez moi

Florent Otis, le 16 déc. 2016

Le Journal Poétique

La société du Futur
Plus tard, on se ressemblera tous
Un peuple rationné pour une élite possédée numérique
Plus tard, le peuple sera uniforme dans un crève-cœur.
Une chaîne d'existence où même le temps sera escompté
Pour une vie au jour le jour, une nuit sans étoiles
Une vie de solitude qui t'étouffe dans la chaleur du présent
Une vie d'indépendant, dépendant à la survie

L'enfant
L'enfant sera un zombi né et les parents seront dégoûtés
D'envisager la création d'un nouveau mort vivant

La terre
Aucun ne possédera sa terre
On louera la planète à ceux qui l'ont acheté
À ceux qui nous la vendent comme une valeur marchande
Triste mère nature qui voit grandir ses enfants
Naviguant sur la toile d'un réseau indécent
Où des dieux Ubériques absorbent ton sang
Ton temps et ton argent
Ces colosses Ubériques maître de la matrice
Avec un peuple et une machine
La machine qui contrôle tout et qui voit tout
Un dieu numérique sans religion, mais omniprésent
Un ordinateur dans une partie d'échec avec ses esclaves
Un human versus computer sauf que là
C'est la machine qui a choisi de finir la partie

La résurrection
Il est le 27 juin l'horloge de ma naissance
Pour que le temps soit contrôlé par les deux-temps
L'aiguille sacrée de l'horloge aux éclairs sur l'horloge sacrée

Un retour vers le futur sans avenir
Pour que l'homme soit à genoux
Dans un temps qui s'accélère où les nuages sont fractionnés
Comme des larmes de pluie qui pleurent sur les guerres
Dans la menace du nucléaire
L'amour est en danger
On mourra tous un jour par amour ou par la guerre
À toi de choisir à qui tu donneras ta vie
À toi de garder la tête sur les épaules et le cœur dans la poitrine
Dans un système où les forts deviennent prédateurs
Où les faibles deviennent consommateurs

Le capitaine
J'aperçois le rivage où j'irai jeter l'ancre
Pour rejoindre mes prochains sur cette île de création
Un capitaine qui est resté longtemps dans les eaux troubles
Aux aguets cherchant sa terre
Où le vent a tourné propice pour l'ouverture des voiles
Pour apporter des vivres à ses cœurs vides
Prêt à rejoindre l'équipage
D'une génération passée sous silence
Alors je crie " Terre "
À ses phares éclairés qui me guident sur le chemin
Où je suis née dans le pays des hommes poètes
La France à un rôle de carte postale humaniste
Qui voyage en poésie
Le capitaine n'abandonne jamais son navire
Cette génération prendra le gouvernail
Car elle sera soutenue par la force poétique
Qui envoie des signes aux indigènes
Si l'Est s'en va t'en guerre
Si l'Ouest s'en va t'en guerre
Il ne restera plus rien de la terre

2022

Le début de la fin la fin du début
De quel côté est la raison
2022 nous le dira
Ils accélèrent les mensonges
Ils faut accélérer les vérités
L'heure tourne et les ombres arrivent
L'heure tourne et les anges arrivent
Les anges ont moins de moyens que les démons
Mais ils ont la vérité
Dès que nous ne rentrerons plus dans leur jeu
Qu'ils nous auront affaiblis
Ils vont nous attaquer par une guerre

Le compte à rebours
Le compte à rebours a commencé
La nature se venge
De l'homme dieu
Qui fracture les nuages
Il a ouvert la boîte de pandore
Soyez courageux
Ne rentrons pas dans leur jeu
Ne jouons pas avec le feu
Devant la source sacrée de la vie et de l'unité
L'Anthévie est de retour
Ils lèvent des armées
Le sol tremble
Il se dérobe sous nos pieds
Est ce l'œuvre de Dieu ?
Ou de la fatalité ?
Les êtres sont en alerte
Les réseaux en ébullition
Des guerres pour conquérir
Cela commence toujours comme ça
Avec ces dieux vivants

Qui marchent ensembles
Allez-toi mon ami
Choisis ton camp
Quand le sol va trembler
Ils arrivent
Ce rêve que le sol tremble
Ils nous auront tout pris
Nos rêves et notre humanité
Et si c'est la fatalité
Alors qu'ils arrivent
Nous sommes prisonnier
De la peur de se libérer
Nous n'avons rien pu faire
Et l'histoire se répète

Florent Otis, le 10 oct. 2022

Fin du premier journal poétique
Pour conclure mon regard sur le Monde 🌍
Retrouvez-moi sur les réseaux sociaux

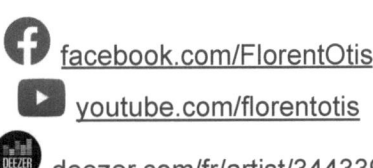

facebook.com/FlorentOtis

youtube.com/florentotis

deezer.com/fr/artist/344339

🌐 florentotis.fr

Gardez espoir les amis 🤍

Merci du fond de l'encre et du bout de la plume ✍